TITIEN,
LE MAÎTRE DE LA COULEUR

— La peinture vénitienne
au Cinquecento

par Céline Muller

50MINUTES

Avec la collaboration d'Elisabeth Bruyns

TITIEN

- **Nom ?** Tiziano Vecellio, Tiziano Vecelli ou Tiziano da Cador, appelé « Titien » ou « le Titien ».
- **Naissance ?** Né vers 1488 à Pieve di Cadore (Italie).
- **Mort ?** Décédé le 27 août 1576 à Venise.
- **Contexte ?** Titien est considéré comme l'un des plus grands portraitistes du *Cinquecento* et appartient à l'école vénitienne, qui valorise la couleur.
- **Œuvres majeures ?**
  - *L'Assomption de la Vierge* (1516-1518)
  - *La Vierge au lapin* (1525-1530)
  - *La Vénus d'Urbino* (1538)
  - *Danaé* (vers 1545)
  - *Portrait équestre de Charles Quint à Mühlberg* (vers 1547)
  - *Le Supplice de Marsyas* (1575-1576)
  - *Pietà* (1576)

Déjà de son vivant, Titien suscitait l'admiration de ses pairs, mais également de tous les puissants d'Europe. Giorgio Vasari (1511-1574), l'auteur des *Vies des meilleurs peintres, sculpteurs et architectes* (1550 et 1568) dit qu'« il n'y eut pas un seul seigneur de renom, ni un prince ni une grande dame dont Titien, en excellent spécialiste, ne fixât les traits ». En effet, s'il peint de nombreuses toiles religieuses ou mythologiques, c'est surtout dans ses portraits que son talent s'illustre le mieux. Contemporain de Michel-Ange (1475-1564) et Raphaël (1483-1520) et associé à l'école vénitienne, il participe, grâce à son art, au renouveau culturel du *Cinquecento*.

Si son enfance et le début de sa formation sont mal documentés, on retrouve cependant vite sa trace dans l'atelier de Giovanni Bellini (vers 1433-1516), qui passe pour être le peintre le plus habile de son époque, ainsi que dans l'entourage du non moins célèbre Giorgione (vers 1477-1510). S'inspirant du style de ces deux maîtres, il crée sa propre voie : associant l'influence antique à la liberté des couleurs vénitiennes, il s'affranchit des contraintes imposées par la ligne et le dessin en jouant sur les contrastes, les reflets et les brumes dans lesquels il dissout ses formes. Ces caractéristiques sont particulièrement visibles dans ses dernières œuvres, où les traits se confondent pour ne plus laisser apparaître que des taches de couleur. La touche devient alors plus visible et ouvre la porte aux innovations les plus variées, du Corrège (vers 1489-1534) à Henri Matisse (1869-1954), en passant par le Tintoret (1518-1594) ou encore Pierre Paul Rubens (1577-1640).

CONTEXTE

L'ITALIE DU *CINQUECENTO*

Le XVIᵉ siècle ou *Cinquecento* est marqué par l'apogée du mouvement renaissant. Si la première Renaissance recouvre tout le XVᵉ siècle et s'établit au départ de l'Italie vers l'Espagne, l'Europe du Nord et l'Allemagne, au XVIᵉ siècle, la seconde Renaissance ou haute Renaissance conquiert quant à elle l'ensemble de l'Europe. De manière générale, ce mouvement se caractérise principalement par un retour à l'Antiquité à travers la redécouverte de la littérature et des arts gréco-romains, et par l'émergence d'une nouvelle conception du monde liée aux grandes découvertes et à l'apparition de l'humanisme – un courant intellectuel qui place l'homme au centre de ses préoccupations. Dans le domaine des arts, les artistes de la haute Renaissance atteignent un niveau d'excellence inégalé jusqu'alors, grâce à la parfaite maîtrise des principes développés au siècle précédent : la représentation du corps et de l'espace, suivant les règles de la perspective, est si réaliste que les artistes des générations suivantes ne tenteront même pas de rivaliser avec leurs modèles.

Cependant, si, sur le plan culturel, l'Italie profite d'un rayonnement sans précédent, sa situation politique est particulièrement fragile. À vrai dire, on ne peut pas encore parler à cette époque d'une nation italienne, mais plutôt d'une multitude de cités-États (Gênes, Pise, Venise, Florence, Milan, Naples, etc.) souvent rivales. De leur côté, les pays voisins sont unifiés par un pouvoir central fort, ce qui déséquilibre les rapports de force entre les villes italiennes et leurs assaillants, notamment les Français. En 1494, ceux-ci envahissent le royaume de Naples afin de récupérer ce territoire qu'ils considèrent comme leur. Il s'agit du début des guerres d'Italie, qui perdureront jusqu'en 1559.

LA RÉPUBLIQUE DE VENISE

À côté des prestigieuses villes de Florence, Rome ou Milan, Venise acquiert elle aussi, au XVIe siècle, une réputation d'excellence due en grande partie à la renommée de sa flotte, qui contrôle pratiquement toute la Méditerranée. La République vénitienne, accueillant le long de ses canaux de nombreux marchés et comptoirs commerciaux qui font transiter les marchandises de l'Orient vers l'Occident, est au sommet de sa puissance économique. En outre, sur le plan politique, en 1511, la cité rejoint la Sainte Ligue, une coalition regroupant le duché de Milan, les États pontificaux, le Saint Empire romain germanique et le royaume d'Aragon (qui détient Naples), afin de défendre la Vénétie contre les incursions françaises et turques. Enfin, la Sérénissime jouit d'une réputation sulfureuse en raison de la légèreté de ses mœurs. Cependant, ce n'est pas pour autant que les célèbres nus de Titien sont exposés en public : ils sont bien souvent abrités des regards dans les chambres des commanditaires.

D'un point de vue culturel, l'art vénitien, qui se déploie parallèlement à celui de Rome, s'illustre au XVIe siècle à travers de grandes figures telles que Giorgione, Sebastiano del Piombo (1485-1547), Titien, le Tintoret ou encore Véronèse (1528-1588). Ils représentent ce que l'on appelle « l'école vénitienne de peinture », qui s'étend du xve siècle au xvIII^e siècle. Se développant dans une sorte de creuset où transitent toutes les influences du Nord et du Sud, celle-ci rompt à la fois avec la tradition byzantine et le gothique international pour proposer un art renaissant plus réfléchi et plus intellectuel. Ainsi, les peintres vénitiens rivalisent sans répit avec les Romains et les Florentins dans la maîtrise du dessin et de la perspective afin de proposer, eux aussi, des espaces picturaux au réalisme saisissant. C'est surtout à la fin du xve siècle, grâce à l'inspiration des modèles antiques et au recours de plus en plus fréquent à la peinture à l'huile (qui remplace la tempera), que Venise s'impose comme un des centres artistiques les plus prestigieux de la haute Renaissance. L'utilisation de l'huile permet notamment des effets picturaux encore inédits qui mettent la couleur au premier plan des tableaux.

LE PORTRAIT, L'EXCEPTION VÉNITIENNE

Genre mineur si on le compare aux peintures religieuses et mytho-logiques qui forment l'essentiel de la production artistique de l'époque, le portrait occupe cependant une place à part à Venise. En effet, la cité rassemble en son sein quelques-unes des plus anciennes familles aristocratiques d'Italie. Pour rivaliser les unes avec les autres, celles-ci se font alors portraiturer par les plus grands artistes de l'époque. Que ce soit pour mettre en avant l'ancienneté de leur lignée, une fonction politique particulière ou simplement diffuser leur image, elles considèrent le portrait comme un enjeu capital dans les intrigues vénitiennes.

De plus, dans la cité des Doges – nom donné aux magistrats dans les républiques de Venise et de Gênes –, le lignage de la famille est une condition *sine qua non* pour faire partie de la noblesse patri-cienne et donc siéger au Grand Conseil, d'où l'importance de se faire représenter, non seulement soi-même, mais aussi ses prestigieux ancêtres. De la même manière, la vie publique y a une importance particulière, ce qui a donné lieu à de nombreux portraits de nobles dans l'exercice de leurs fonctions. Une grande partie de ces tableaux est d'ailleurs placée dans des établissements publics, comme pour asseoir un peu plus la renommée des illustres personnages représentés. Au demeurant, le fait de se faire portraiturer par un artiste possédant une grande réputation (et Titien était l'un des peintres les plus prisés de cette époque) ajoutait encore un élément de prestige supplémentaire à l'œuvre finale.

BIOGRAPHIE

DES RENCONTRES DÉCISIVES

Tiziano Vecellio naît à Pieve di Cadore, une petite ville montagneuse de Vénétie, vers 1488. Il est le deuxième enfant de Gregorio Vecellio et descend d'une famille de notaires, d'administrateurs et d'avocats assez peu sensible aux arts. Pourtant, vers l'âge de neuf ou dix ans, il quitte le domicile familial, accompagné de son frère aîné, Francesco, pour entrer en apprentissage dans l'atelier de Sebastiano Zuccato, un mosaïste reconnu. Si son frère délaisse sa formation artistique pour embrasser une carrière militaire, Titien intègre quant à lui le prestigieux atelier des frères Bellini (Gentile, vers 1430-1507, et Giovanni) à Venise vers 1505.

C'est là qu'il fait la connaissance de deux figures majeures de la peinture vénitienne, Sebastiano del Piombo (1485-1547) et, surtout, Giorgione, avec qui Titien entretiendra d'excellents rapports jusqu'à sa mort en 1510. Selon la légende, Titien aurait alors achevé les œuvres incomplètes de son ami. Entre 1508 et 1509, les deux artistes collaborent aux fresques de la façade du Fondaco dei Tedeschi, un comptoir commercial occupé par des négociants allemands. Si leur décor connaît à l'époque un grand succès, il n'en reste plus rien à l'heure actuelle.

PEINTRE OFFICIEL DE VENISE

Au décès de Giovanni Bellini, en 1516, Titien est nommé peintre officiel de la république de Venise et installe son atelier sur le Grand Canal. Il côtoie alors les personnalités les plus en vue de son époque et reçoit de prestigieuses commandes comme la fresque de *La Bataille de Cadore* en 1520 pour le palais des Doges (malheureusement détruite lors d'un incendie en 1577) ou des tableaux mythologiques (*Offrande à Vénus*, 1518-1519 ; *Bacchanale des Andriens*, 1518-1519 ; *Bacchus et Ariane*, 1520-1523) pour le cabinet du duc de Ferrare, Alphonse Iᵉʳ d'Este (1476-1534). Le peintre réalise en outre les portraits des doges de Venise, jusqu'à ce que le Tintoret reprenne cette charge en 1577. Titien devient donc, avec cette reconnaissance officielle, le peintre préféré de la haute société vénitienne. Il entre dans sa période dite « classique », au cours de laquelle il se détache de l'influence de ses maîtres pour créer son propre style, caractérisé par des compositions moins rangées et moins rigides, et dominées par le mouvement et la couleur.

Le succès de Titien est tel que sa renommée dépasse bientôt les frontières de Venise. Il est alors amené à se rendre à Ferrare, mais aussi à Mantoue, grâce au mécénat de Frédéric II Gonzague (1500-1540), pour lequel il travaille durant près de dix ans, réalisant des fresques mythologiques destinées à orner son château. Si Titien s'inspire de l'Antiquité, il le fait moins dans l'intention humaniste d'éduquer les masses que pour transposer en couleur l'atmosphère des grands mythes antiques.

En 1523 et 1525, l'artiste devient père de deux garçons, Pomponio et Orazio. Cependant, il n'épouse la mère de ses enfants, Cecilia Soldano, qu'en 1525 à la naissance de son second fils. Il la perd cinq ans plus tard lorsque cette dernière donne le jour à leur fille, Lavinia. Le peintre ne se remariera jamais.

UNE RENOMMÉE INTERNATIONALE

En 1527, alors que Rome est mise à sac par les armées de Charles Quint (1500-1558), de nombreuses personnalités émigrent de Rome à Venise, dont l'architecte et sculpteur Jacopo Sansovino (1486-1570) et l'écrivain et dramaturge Pierre l'Arétin (1492-1556). Avec Titien, ils formeront le noyau culturel de la Vénétie au XVIe siècle. L'Arétin a par ailleurs un grand impact sur sa carrière : il l'introduit dans les plus prestigieuses cours européennes telles que Parme, Urbino ou la cour pontificale à Rome, mais surtout la cour des Habsbourg, à partir de 1530 environ, sous la protection et le mécénat de Charles Quint puis de Philippe II d'Espagne (1527-1598). La diversité de ses commanditaires explique en partie pourquoi les peintures de Titien sont disséminées dans tous les plus grands musées du monde alors que Venise ne conserve que l'essentiel de son œuvre religieuse.

> ### TITIEN, LA COQUELUCHE DE CHARLES QUINT ?
>
> Au cours de l'année 1548, le peintre rencontre Charles Quint lors d'un voyage de l'empereur en Italie. Quelques années plus tard, celui-ci lui accorde le titre de comte Palatin et le décore de l'ordre de l'éperon d'or – que reçurent également Raphaël et Giorgio Vasari –, un véritable honneur pour un peintre. Titien peindra ensuite une série de portraits de la famille et des proches de l'empereur.

Entre 1541 et 1545, Titien est invité par le pape Paul III (1468-1549) à se rendre à Rome, où les œuvres de Michel-Ange influencent profondément sa manière de peindre. Durant cette courte période, il se montre plus franc dans ses compositions, à la fois dans l'utilisation de ses couleurs et dans la représentation de ses personnages. Cette nouvelle orientation s'exprime clairement dans *La Vision de saint Jean l'évangéliste* (1541-1543), peint sur le plafond de la Scuola di San Giovanni.

RETOUR À L'IDÉAL VÉNITIEN

Dans les années 1550, Titien met un terme à ses voyages et se fixe définitivement à Venise, où il passe l'essentiel de la fin de sa carrière à répondre à des commandes princières. Il revient alors à son style initial, empreint des grandes caractéristiques vénitiennes, même si ses compositions sont à présent plus dramatiques et que l'artiste laisse davantage apparaître sa touche. Sa production tardive comporte de nombreuses représentations de figures mythologiques féminines comme Vénus, Diane ou Danaé.

En 1573, le peintre entame son ultime œuvre, la *Pietà*, considérée comme son testament artistique et destinée à orner sa propre chapelle funéraire. Cependant, Titien meurt avant de pouvoir l'achever, à l'âge honorable de 90 ans. Il est enterré dans l'une des principales églises de Venise, Santa Maria dei Frari, qui abrite également *L'Assomption de la Vierge* (1516-1518) et *La Madone de Ca' Pesaro* (1519-1526), deux de ses œuvres majeures.

CARACTÉRISTIQUES

L'INFLUENCE VÉNITIENNE

L'influence de l'école vénitienne est prépondérante dans l'œuvre de Titien qui utilise, à l'instar de ses compatriotes, la peinture à l'huile et ses multiples potentialités. Cette nouvelle technique lui permet notamment de peindre des nus empreints d'une grande sensualité et des portraits chargés d'humanité grâce aux subtils effets de la peinture à l'huile, produits à la fois par la superposition des glacis (superposition d'une ou de plusieurs couches de peinture transparente qui accentue l'impression de profondeur de la composition et des couleurs) et par la visibilité des coups de pinceau sur la toile. Titien et les peintres de l'école vénitienne jouent également sur le grain de la toile sur laquelle ils peignent afin de proposer différents rendus.

Par ailleurs, ils abandonnent peu à peu les dessins préparatoires pour expérimenter leurs couleurs à même la toile. La couleur, voilà le maître-mot de la peinture vénitienne. La palette de Titien est particulièrement vive, et l'artiste associe ses couleurs de manière complémentaire dans le but de créer des effets de contraste. Les fonds sombres, *sfumatos*, clairs-obscurs et autres sont utilisés pour traduire une tension dramatique et mettre en valeur la couleur, qui semble primer sur le dessin.

C'est le style de ses 25 dernières années, alors qu'il s'est définitivement établi à Venise, qui exprime le mieux l'influence de l'art pictural vénitien sur Titien. Sous le mécénat de Philippe II d'Espagne, l'artiste peint de nombreuses œuvres mythologiques, mais également ment des tableaux religieux qui l'occuperont durant de nombreuses années – *La Crucifixion* (1555) de la sacristie de l'Escorial à Madrid ne lui demandera pas moins de dix ans de travail ! Dans ces œuvres tardives, on retrouve une attention particulière portée aux effets de matière de la peinture, entre parties lisses et empâtements (couches épaisses de couleur créant un relief sur la surface picturale).

L'ART DU PORTRAIT SELON TITIEN

Le portrait est probablement un des genres que Titien maîtrise le mieux. En accord avec la volonté de l'élite vénitienne de se montrer de la manière la plus flatteuse possible, l'artiste ne cherche pas à créer un portrait fidèle trait pour trait, mais plutôt l'image que le commanditaire souhaite refléter (par exemple sa noblesse, ses valeurs morales, sa richesse ou encore son statut social). Le peintre porte dès lors une attention toute particulière aux costumes et attributs de pouvoir, premiers détails qui éclairent le spectateur sur le rang ou la fonction du personnage peint. Les Vénitiennes, n'exerçant pas de profession dont elles pourraient se vanter, rivalisent d'audace et de créativité dans leurs parures.

Les modèles de Titien ne sont pas toujours placés dans un contexte précis : ils émergent le plus souvent d'un fond sombre. Cependant, il arrive parfois qu'une fenêtre ouverte ou un intérieur meublé nous renseigne, d'une manière ou d'une autre, sur la fonction ou le statut d'un personnage. C'est par exemple le cas dans le portrait du *Doge Francesco Venier* (1555), représenté devant une tenture luxueuse et une fenêtre ouverte sur la Méditerranée, ou dans celui de *Jacopo Strada* (1567), collectionneur et marchand d'art représenté dans son commerce. Enfin, notons que Titien, tout au long de sa carrière, met un point d'honneur à introduire la vie dans ses tableaux, que ce soit par l'intensité du regard, l'attitude, le rendu des chairs ou encore le soin apporté aux détails des mains et du visage.

LA PARENTHÈSE MANIÉRISTE

Si la Sérénissime est complètement réfractaire au mouvement maniériste, le peintre, largement inspiré par Michel-Ange, expérimente pourtant ce style pendant un court moment, entre 1541 et 1545 environ. Cette nouvelle orientation s'illustre dans *La Vision de saint Jean l'évangéliste,* peint sur le plafond de la Scuola di San Giovanni de Venise, et dans les trois scènes bibliques, *Caïn et Abel, Le Sacrifice d'Isaac, David et Goliath,* peintes entre 1542 et 1544 sur le plafond de la sacristie de la basilique Santa Maria della Salute de Venise. Composées à l'aide d'une perspective oblique, ces œuvres se caractérisent également par une exagération des proportions du corps humain, une certaine théâtralité et l'emploi de raccourcis picturaux typiques du maniérisme. Enfin, le jeu des musculatures et le traitement des couleurs – plus contrasté – témoignent clairement de l'influence de Michel-Ange sur cette petite portion de la production de Titien.

LE MANIÉRISME

Le maniérisme voit le jour dans les années 1520 à Rome et perdure jusqu'en 1580 environ. Les artistes de cette époque, plutôt que de rivaliser avec la perfection atteinte par leurs aînés, rompent avec les codes classiques et se détournent du réalisme. Ils expérimentent alors un nouveau style, basé sur l'exagération et l'expressivité. Les peintres maniéristes reprennent les modèles diffusés par Raphaël et Michel-Ange tout en exacerbant leur technique (couleurs criardes, contrastes violents…) et leurs sujets (distorsion des corps, silhouettes en « S »…).

L'ASSOMPTION DE LA VIERGE

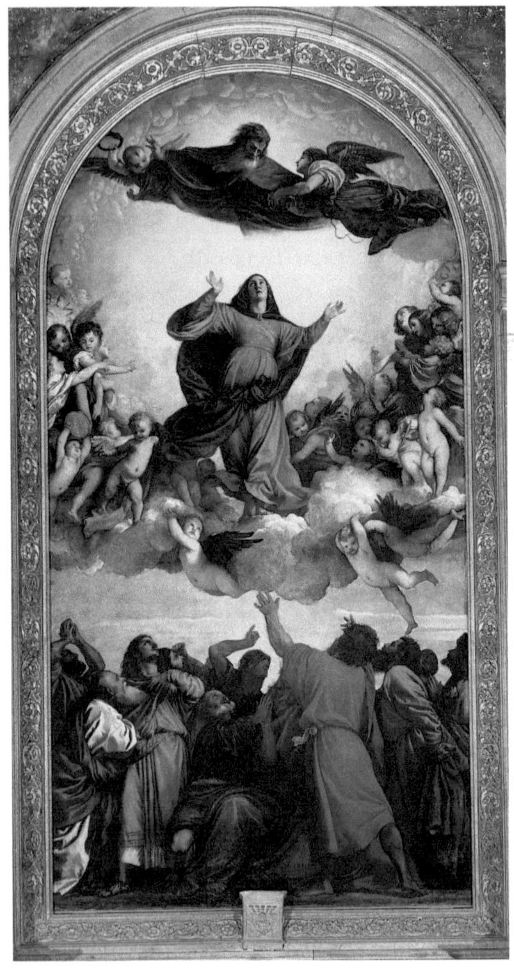

L'Assomption de la Vierge, 1516-1518, huile sur bois, 690 x 360 cm, Venise, église Santa Maria dei Frari.

C'est en 1516 que Titien reçoit sa première commande en tant que peintre officiel de Venise. Il s'agit d'un retable monumental pour le maître-autel de l'église franciscaine Santa Maria Gloriosa dei Frari. On y retrouve déjà ce qui constituera le style classique de l'artiste : un savant mélange entre style renaissant et art vénitien. Tout d'abord, la composition est mouvementée et dynamique, et on observe une certaine liberté dans la manière de représenter l'espace pictural, qui s'éloigne du traitement traditionnel du thème de l'Assomption. Le peintre sépare le tableau en trois niveaux distincts (terrestre, céleste et divin) traversés par une grande verticale montante suggérée par le mouvement des bras des personnages. Cette rationalisation de l'espace est en totale adéquation avec les principes mis au point par le théoricien Leon Battista Alberti (1404-1472) au siècle précédent. De plus, l'influence du style renaissant se fait également sentir dans l'importance des drapés, qui rappellent les modèles antiques, ou dans les petits anges nus (*putti*) poussant les nuages. On retrouve également dans cette œuvre l'empreinte de Michel-Ange, à travers le traitement sculptural des personnages, ainsi que dans l'emploi de raccourcis picturaux – la perspective est en effet obtenue par les différences de taille entre les sujets.

Titien apporte par ailleurs une attention toute particulière au rendu des émotions des personnages. Le bas de la composition présente un large panel de sentiments allant de l'extase au désespoir et de la peur à la stupéfaction. Quant à l'expression extatique de la Vierge, elle tranche considérablement avec les représentations antérieures de ce thème iconographique. On oublierait presque que l'on assiste à la mort de Marie. D'ailleurs, des éléments iconographiques tels que son tombeau, présent dans de nombreux tableaux sur le même sujet, ont été négligés, pour se concentrer sur sa montée triomphale au ciel.

En ce qui concerne la couleur, Titien bouscule aussi les traditions en proposant une palette très vive et lumineuse. Il utilise des tons orange, rouges et jaunes qui deviennent de plus en plus chauds au fur et à mesure qu'ils se rapprochent de la Vierge pour finir par la baigner dans un grand halo doré et éclatant. Enfin, si on regarde le tableau d'un peu plus près, on constate que les touches de pinceau sont parfois très apparentes. Si l'épaisseur de la couche de peinture peut paraître surprenante quand on la compare aux productions romaines ou florentines, il faut toutefois savoir qu'il ne s'agit pas de maladresse, mais bel et bien d'une caractéristique typique de l'art vénitien.

LA VIERGE AU LAPIN

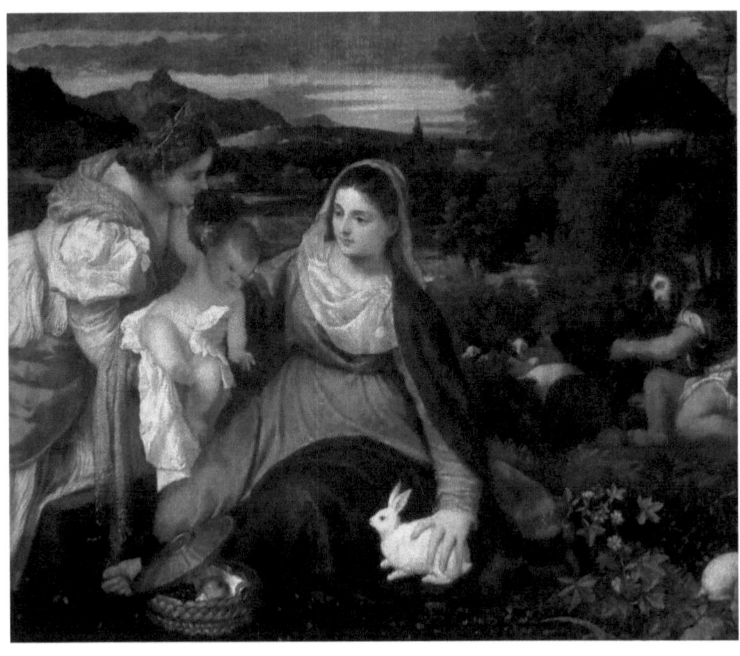

La Vierge à l'Enfant avec sainte Catherine et un berger, dite *La Vierge au lapin*, 1525-1530, huile sur toile, 71 x 87 cm, Paris, musée du Louvre.

Commandée par Frédéric II Gonzague, *La Vierge au lapin* est l'un des plus beaux tableaux religieux de Titien. De dimensions plus modestes que *L'Assomption de la Vierge*, il offre une vision moins spectaculaire et plus intimiste de la religion.

On y retrouve une Vierge à l'Enfant accompagnée de sainte Catherine d'Alexandrie (reconnaissable à la roue, attribut de son martyr, sur laquelle elle s'appuie) au premier plan et d'un berger caressant une brebis à l'arrière-plan. Le tableau est traversé par une grande diagonale qui commence en bas à gauche du tableau pour finir en haut à droite, créant ainsi un certain déséquilibre au service du message sous-jacent de l'œuvre. En effet, beaucoup y lisent une évocation de la suprématie des valeurs chrétiennes – incarnées par le groupe féminin – sur le paganisme de l'Antiquité – représenté par le berger. Des analyses radiographiques de la toile montrent d'ailleurs qu'à l'origine, sur le dessin initial, la Vierge se tournait vers le berger, le bras replié sur elle. Le fait de recentrer le regard de la mère sur son enfant laisse penser que Titien a encore voulu accentuer la dimension religieuse de son œuvre.

Les couleurs sont utilisées de manière tout à fait judicieuse. Tout d'abord, elles font le lien entre les différents plans. Le bleu, par exemple, se retrouve sous différentes teintes dans le ciel et les montagnes de l'arrière-plan, adouci dans l'écharpe de sainte Catherine et intense dans le manteau de la Vierge à l'avant du tableau. Néanmoins, les couleurs contrastent fortement entre elles, comme en témoignent le rouge de la robe de Marie et le bleu de son manteau ou encore les différents éléments du vêtement de sainte Catherine. Il s'agit là d'une caractéristique majeure de l'art vénitien, qui accorde davantage d'importance à la couleur qu'au dessin.

Enfin, le décor représenté évoque la campagne vénitienne, dont l'atmosphère si particulière est parfaitement rendue par l'estompage des contours des montagnes et du paysage lointain. S'il ne s'agit pas ici, à proprement parler, d'un *sfumato* à la manière de ceux de Léonard de Vinci (1452-1519), l'effet brumeux et indéfini correspond particulièrement bien au climat maritime de la Sérénissime.

LA VÉNUS D'URBINO

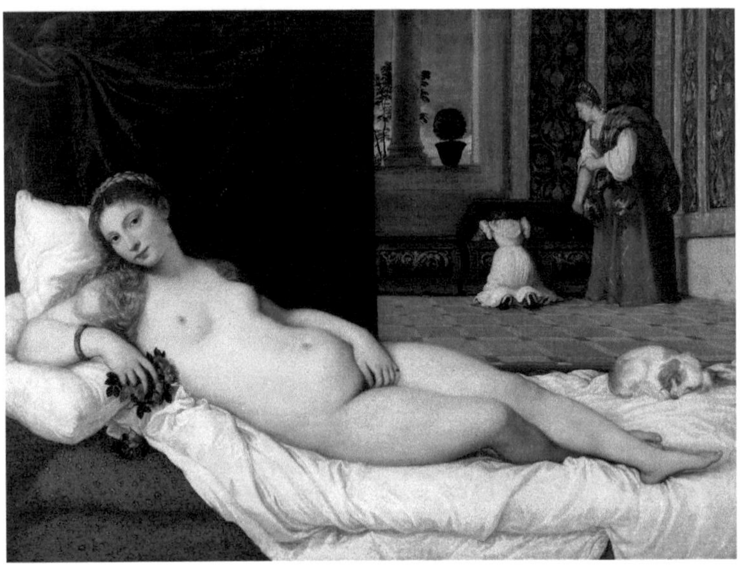

La Vénus d'Urbino, 1538, huile sur toile, 119 x 165 cm, Florence, galerie des Offices.

Le commanditaire de cette œuvre, Guidobaldo Della Rovere (1514-1574), duc d'Urbino, a déjà acheté au peintre, quelques années plus tôt, un portrait habillé du même modèle (*La Bella*, 1536). Selon les historiens de l'art, dont Daniel Arasse (1944-2003), spécialiste de la Renaissance italienne, la dénomination mythologique de « Vénus » ne serait qu'un prétexte, le commanditaire désirant simplement un nu. Ce tableau a probablement été commandé dans un contexte de mariage, non pas en tant que cadeau de noces mais plutôt en tant qu'élément censé favoriser le bon déroulement de l'union. En effet, au XVIᵉ siècle, on attribuait aux images un pouvoir presque magique. Aussi, en accrochant des tableaux représentant de beaux nus dans les chambres à coucher, pensait-on améliorer l'aspect physique des enfants qui y étaient conçus. On retrouve également ce motif à l'intérieur des coffrets de mariage renaissants, appelés *cassoni*, que les futurs époux offraient à leur bien-aimée. À partir du *Cinquecento*, l'intérieur de leur couvercle était aussi décoré de scènes de nus. C'est d'ailleurs ce type de coffret que l'on voit représenté dans le coin supérieur droit du tableau.

Si cette Vénus s'inspire probablement de *La Vénus endormie* (1510) de Giorgione, le geste qu'elle exécute de la main droite et le fait que ses yeux fixent le spectateur sont une innovation de Titien. Quant à sa main gauche, elle est posée sur son sexe, ce qui a conduit certains critiques d'art à parler de masturbation féminine. Quoi qu'il en soit, cette œuvre dut certainement paraître très osée pour l'époque et ne fut jamais exposée en public.

Concernant le grand pan de peinture noire qui divise le tableau en deux, si Erwin Panofsky (1892-1968), père de l'iconographie moderne, y voit un rideau, Daniel Arasse pense quant à lui qu'il sépare deux épisodes distincts : le nu allongé et les servantes devant un coffret de mariage. Les lignes de fuite du sol à l'arrière-plan ne rejoignant pas celles de l'avant-plan, les deux scènes semblent en effet s'inscrire dans deux espaces distincts. Toutefois, il s'agirait plutôt d'une représentation en deux temps : le spectateur ouvrirait d'abord virtuellement le coffret de mariage, puis il se trouverait face au nu ornant l'intérieur du couvercle.

D'un point de vue stylistique, on note une véritable continuité dans le style de Titien entre les deux épisodes. Les deux perspectives sont admirablement maîtrisées, même si elles se situent sur deux plans différents, et la référence à l'Antiquité à travers la figure de Vénus témoigne de son influence classique. Le réalisme du portrait, auquel l'artiste prend soin d'accorder une réelle personnalité dans le regard et l'attitude provocatrice, est typique de son style. Enfin, les couleurs contrastées et l'architecture intérieure de la demeure ne sont pas sans rappeler, une fois de plus, l'influence de l'art vénitien.

PORTRAIT ÉQUESTRE DE CHARLES QUINT À MÜHLBERG

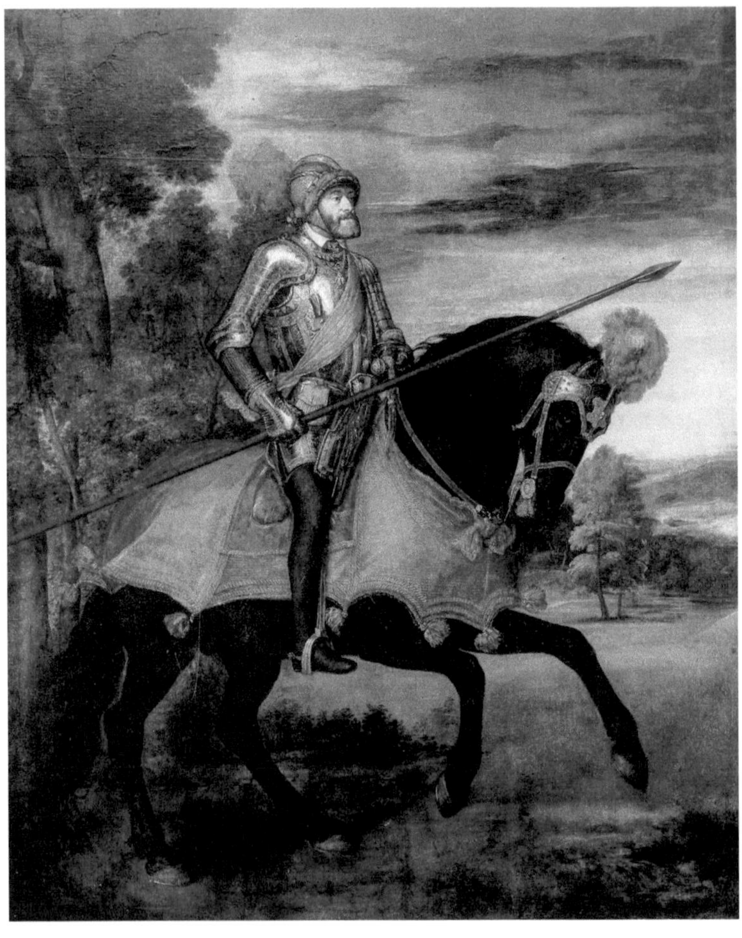

Portrait équestre de Charles Quint à Mühlberg, vers 1547, huile sur toile, 332 x 279 cm, Madrid, musée du Prado.

Contrairement à ce que l'on pourrait penser, ce tableau n'a pas été commandé par Charles Quint, mais par sa sœur, Marie de Hongrie (1505-1558), grande amatrice d'art, pour commémorer la victoire de l'empereur catholique sur ses opposants protestants à Mühlberg en 1547.

Le portrait, bien que fidèle à son modèle – l'armure de l'empereur, notamment, est en tous points identique à l'original, conservé au palais royal de Madrid –, est chargé de symboles qui mettent en avant les valeurs morales et politiques de l'empereur. Celui-ci est représenté à la fois en tant que chevalier chrétien et en tant qu'héritier de la lignée des empereurs romains. C'est pourquoi la lance qu'il tient peut être perçue soit comme l'attribut de saint Georges affrontant le dragon (lui-même symbole des hérétiques, donc des protestants), soit comme le signe du pouvoir des Césars. De plus, la posture de Charles Quint à cheval rappelle celle de la statue équestre de l'empereur romain Marc Aurèle (121-180), ainsi que la célèbre gravure de l'Allemand Albrecht Dürer (1471-1528), *Le Chevalier, la mort et le diable* (1513). Ces éléments semblent se suffire à eux-mêmes pour glorifier la victoire militaire de l'empe-reur puisqu'aucun détail de la bataille (ni troupes, ni ennemis) ne vient agrémenter le tableau.

D'un point de vue stylistique, une fois de plus, la manière dont Titien traite la couleur, toute-puissante par rapport au dessin, trahit l'influence de l'art vénitien. Que ce soit dans les fondus chromatiques du ciel ou dans les contrastes flamboyants des rouges, des jaunes et des ocre, c'est elle que l'on remarque avant la précision du trait.

PIETÀ

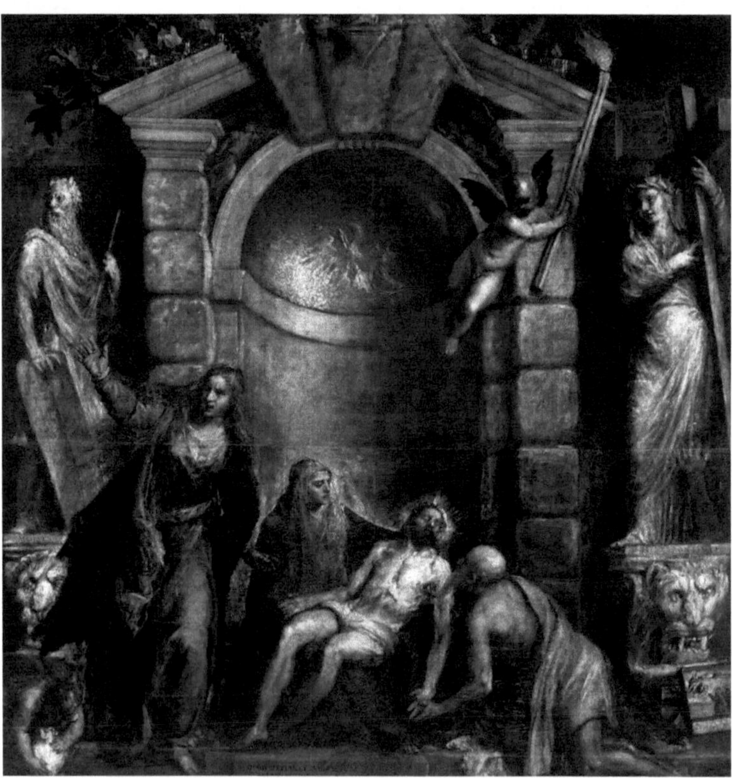

Pietà, 1576, huile sur toile, 352 x 349 cm, Venise, gallerie dell'Accademia.

Cette œuvre, l'ultime de Titien, n'est pas une commande, mais un tableau destiné à décorer son propre tombeau. Inachevée à sa mort, elle est terminée par Palma le Jeune (vers 1548-1628), un artiste maniériste, ainsi que l'atteste une inscription en bas du tableau. Celui-ci ajoute à la toile un chérubin tenant une torche dont le traitement très net et opaque tranche singulièrement avec le reste de l'œuvre qui est plongé dans une aura plutôt floue.

Ce tableau apparaît comme l'aboutissement des expérimentations de Titien, alors qu'il est libéré de toute contrainte picturale ou d'un quelconque commanditaire. Premièrement, la composition est oblique, s'opposant ainsi aux cadres stricts de la peinture renaissante dite classique. Ensuite, les contours sont à peine marqués, laissant libre cours à la couleur, qui domine intégralement le tableau. La lumière y tient également un rôle prépondérant malgré le fait que l'artiste ait choisi de dépeindre une scène nocturne. Les ocre n'apparaissent que plus éclatants sur le fond sombre de la toile, d'où des effets de contrastes étonnants qui annoncent déjà les plus belles réalisations du maniérisme. La palette des émotions est variée, du désespoir de Marie-Madeleine, debout à gauche, à la résignation de la Vierge en passant par la compassion de saint Jérôme, à l'avant-plan à droite. Enfin, d'un point de vue technique, l'épaisseur de la couche de peinture est variable d'un endroit à l'autre et la touche est parfois très visible, au point qu'on raconte que l'artiste aurait peint une partie de son œuvre avec les doigts.

TITIEN, UNE SOURCE D'INSPIRATION

UN RAYONNEMENT SANS PRÉCÉDENT

De son vivant déjà, Titien inspire de nombreux peintres contemporains. C'est le cas, notamment, de Palma le Vieux (vers 1480-1528), un peintre de l'école vénitienne dont le neveu, Palma le Jeune, entre dans l'atelier de Titien, de Bonifazio Veronese (1487-1553), qui appartient pourtant à un atelier concurrent, ou encore de Paris Bordone (1500-1571), temporairement membre de l'atelier du maître.

Palma le Vieux s'inspire directement des œuvres du Titien, comme on le constate dans *La Vierge à l'Enfant, Jean le Baptiste et un donateur* (1515), qui est une réinterprétation de *La Vierge à l'Enfant avec sainte Catherine, saint Dominique et un donateur* (1513). La toile comporte plusieurs similitudes avec celle de Titien, par exemple la position du donateur, la disposition des personnages et l'utilisation de couleurs vives et contrastées. L'atmosphère, en revanche, est radicalement différente : la tension dramatique palpable chez Titien est totalement absente du tableau de Palma le Vieux qui se contente d'une représentation superficielle de la scène.

Le maître exerce également une grande influence sur le Tintoret, qui compte parmi ses élèves et apparaît comme une figure de proue du maniérisme, ainsi que sur Véronèse, le dernier grand peintre de la haute Renaissance. Mais, à côté de l'admiration qu'il suscite auprès de ses contemporains, après sa mort, ses œuvres connaissent un rayonnement international sans précédent dans l'histoire de l'art. Titien est considéré comme le défenseur de la couleur face au dessin, et tous les grands maîtres de la couleur se réclament de son héritage : Diego Vélasquez (1599-1660), Anton Van Dyck (1599-1641), Antoine Watteau (1684-1721), Pierre-Auguste Renoir (1841-1919) et, surtout, Rubens. Fervent admirateur de Titien, dont il a l'occasion d'étudier les œuvres lors d'un voyage à Venise, il adopte sans réserve la liberté des couleurs du maître. À cet égard, *Le Portrait équestre du duc de Lerme* (1603) est un véritable hommage au portrait de Charles Quint réalisé par Titien.

L'IMMENSE FORTUNE DES NUS DE TITIEN

Enfin, les nus de Titien ont également inspiré plusieurs peintres. Dans sa *Vénus au miroir* (1647-1651), Vélasquez reprend non seulement le contraste des couleurs cher au maître vénitien, mais également la thématique de la *Vénus à sa toilette* (1555). Vénus est allongée dans une pose sensuelle qui rappelle incontestablement les nus de Titien, mais les mœurs espagnoles étant moins légères que les mœurs vénitiennes, la jeune femme est représentée de dos, en train de se regarder dans un miroir. L'exemple le plus connu et qui traduit le mieux l'influence de Titien est certainement l'*Olympia* d'Édouard Manet (1863), qui s'inspire directement de *La Vénus d'Urbino*. La composition est similaire – l'arrière-plan est nettement divisé en deux alors que le nu occupe l'entièreté du tableau à l'avant-plan –, de même que la pose et le regard du modèle, tourné vers le spectateur. Toutefois, Manet remplace malicieusement le chien de *La Vénus d'Urbino* par un chat placé aux pieds de la jeune femme.

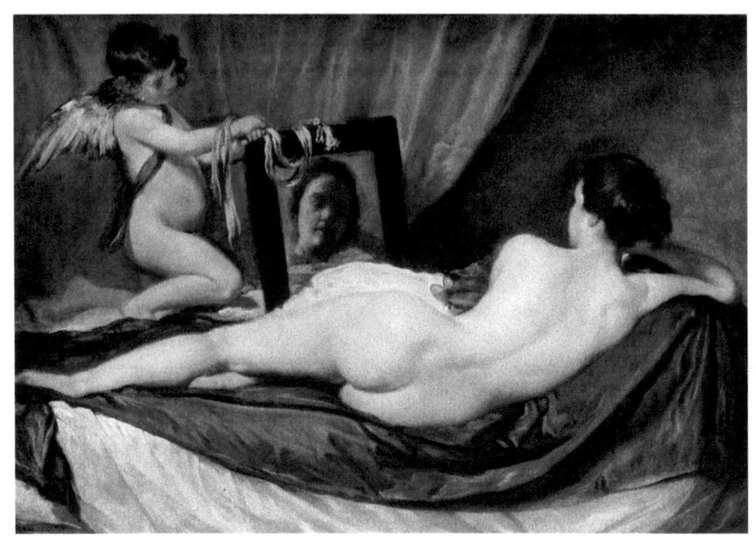

VÉLASQUEZ (Diego), *Vénus au miroir*, 1647-1651, huile sur toile, 122 x 177 cm, Londres, The National Gallery.

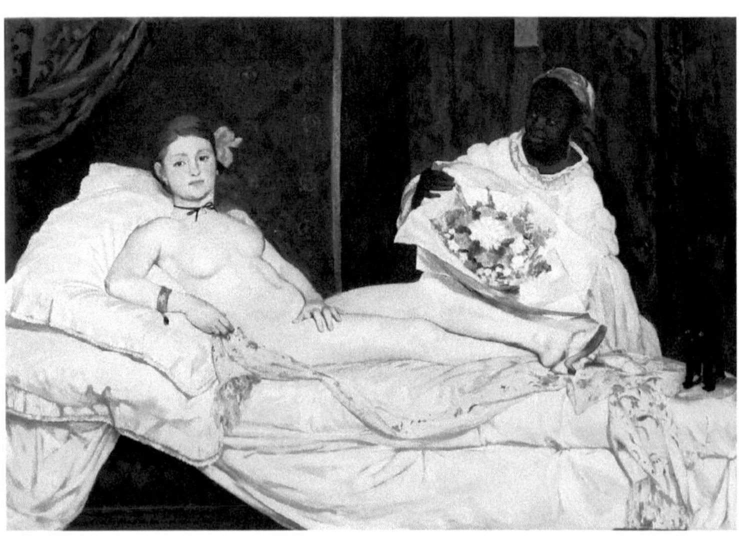

MANET (Édouard), *Olympia*, 1863, huile sur toile, 130,5 x 191 cm, Paris, musée d'Orsay.

EN RÉSUMÉ

- Titien, né vers 1488, devient le chef de file de la peinture vénitienne de la haute Renaissance. À cette époque, Venise jouit d'une prestigieuse renommée et l'art qui s'y développe diffère quelque peu du classicisme romain ou florentin : la couleur prend une place prépondérante par rapport au dessin.

- S'il peint également des tableaux religieux et mythologiques, ses portraits sont particulièrement appréciés des grands de son époque et il est introduit dans les plus prestigieuses cours européennes, notamment celle de Charles Quint. Plutôt que de rendre les traits de ses modèles avec exactitude, Titien cherche à mettre en valeur leur classe sociale, leur fonction, leurs valeurs morales ou encore leur richesse.

- Au gré de ses voyages et de ses commanditaires, son style évolue peu à peu. Savant mélange entre les acquis de la haute Renaissance (en termes de perspective, de proportions et d'inspiration antique) et les couleurs flamboyantes de l'art vénitien, son style, plus classique à ses débuts, s'oriente vers une plus grande liberté dans les 20 dernières années de sa vie. Il connaît même une période maniériste, de 1541 à 1545.

- Sa manière de traiter la couleur et la matière picturale en tant que telle a inspiré un grand nombre de peintres, et ce bien après sa mort. De grands noms de l'histoire de l'art comme Vélasquez, Rubens, Renoir ou Manet se réclament de son travail.

POUR ALLER PLUS LOIN

SOURCES BIBLIOGRAPHIQUES

* Arasse (Daniel), *On n'y voit rien*, Paris, Éditions Denoël, 2001.
* Bénézit (Emmanuel), *Dictionnaire critique et documentaire des peintres, sculpteurs, dessinateurs et graveurs de tous les temps et de tous les pays*, Paris, Gründ, 1999.
* Bernard (Edina), *Histoire de l'art du Moyen Âge à nos jours*, Paris, Larousse, 2006.
* Brion (Marcel), *Titien*, Paris, Somogy, 1971.
* Caroli (Flavio) et Zuffi (Stefano), *Titien*, Paris, Fayard, 1991.
* Carvahlo (Roberto), *Le Petit Livre du grand art. De la peinture occidentale de la préhistoire au post-impressionnisme*, Paris, Gründ, 2005.
* Delieuvin (Vincent) et Habert (Jean) (dir.), *Titien, Tintoret, Véronèse... Rivalités à Venise*, catalogue d'exposition, Paris, Hazan et musée du Louvre, 2009.
* Gentili (Augusto), *Titien*, Paris, Actes Sud, 2012.
* Goffen (Rona), *Titian's Women*, New Haven et Londres, Yale University Press, 1997.
* Pallucchini (Anna), « Titien », in *Encyclopædia Universalis*, consulté le 26/11/2014.
  http://www.universalis.fr/encyclopedie/titien/
  Panofsky (Erwin), *Le Titien. Question d'iconographie*, Paris, Hazan, 2004.
* Peter (Humfrey), *Titien*, Londres, Phaidon, 2007.
* Pope-Hennessy (John), *Titien*, Paris, Gallimard, 2004.
* Prat (Véronique) « Titien ou la gloire de Venise », in *Le Figaro Magazine*, consulté le 26/11/2014.

http://www.lefigaro.fr/lefigaromagazine/2006/09/16/01006-20
060916ARTMAG90108-titien_ou_la_gloire_de_venise.php
* « Titien », in *Encyclopédie de l'Agora*, consulté le 26/11/2014.
http://agora.qc.ca/Dossiers/titien
* Wethey (Harold), *The Paintings of Titian*, Londres, Phaidon, 1975.

SOURCES ICONOGRAPHIQUES

* Manet (Édouard), *Olympia*, 1863, huile sur toile, 130,5 x 191 cm, Paris, musée d'Orsay. La photo reproduite est réputée libre de droits.
* Titien, *L'Assomption de la Vierge*, 1516-1518, huile sur bois, 690 x 360 cm, Venise, église Santa Maria dei Frari. La photo reproduite est réputée libre de droits.
* Titien, *La Vénus d'Urbino*, 1538, huile sur toile, 119 x 165 cm, Florence, galerie des Offices. La photo reproduite est réputée libre de droits.
* Titien, *La Vierge à l'Enfant avec sainte Catherine et un berger*, dite *La Vierge au lapin*, 1525-1530, huile sur toile, 71 x 87 cm, Paris, musée du Louvre. La photo reproduite est réputée libre de droits.
* Titien, *Pietà*, 1576, huile sur toile, 352 x 349 cm, Venise, gallerie dell'Accademia. La photo reproduite est réputée libre de droits. La photo reproduite est réputée libre de droits.
* Titien, *Portrait équestre de Charles Quint à Mühlberg*, vers 1547, huile sur toile, 332 x 279 cm, Madrid, musée du Prado. La photo reproduite est réputée libre de droits.
* Vélasquez (Diego), *Vénus au miroir*, 1647-1651, huile sur toile, 122 x 177 cm, Londres, The National Gallery. La photo reproduite est réputée libre de droits.

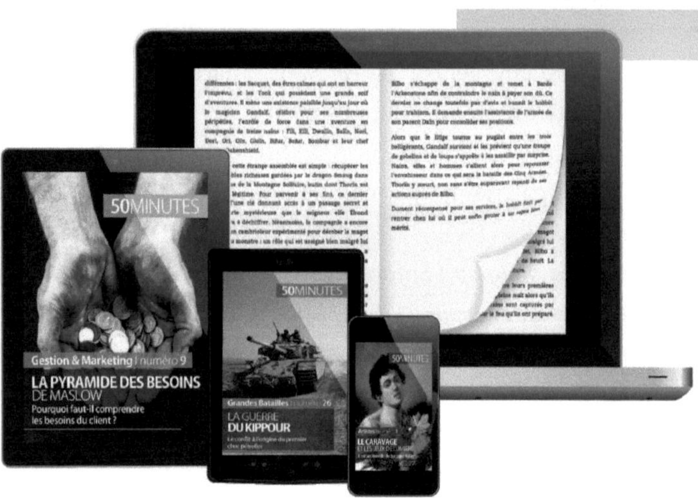

www.50minutes.com

Éditeur responsable : Lemaitre Publishing
Rue Lemaitre 4 | BE-5000 Namur
info@lemaitre-editions.com

ISBN ebook : 978-2-8062-6167-0
ISBN papier : 978-2-8062-6168-7
Dépôt légal : D/2015/12603/15
Photo de couverture : © *Portrait équestre de Charles Quint à Mühlberg* (vers 1547), par Titien.

Conception numérique : Primento,
le partenaire numérique des éditeurs